RÉPERTOIRE

DU

Second-Théâtre-Français.

L'ACTIONNAIRE,

COMÉDIE EN UN ACTE ET EN VERS,

PAR

MM. DU MERSAN ET DUPIN,

Représentée pour la première fois

POUR L'OUVERTURE DU SECOND-THÉÂTRE-FRANÇAIS,

DANS LA SALLE DE L'ODÉON,

le 28 Octobre 1841.

PRIX : 75 CENTIMES.

PARIS.

BRETEAU ET PICHERY, LIBRAIRES-ÉDITEURS,
Passage de l'Opéra, 16, galerie de l'Horloge.

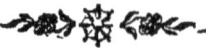

1841.

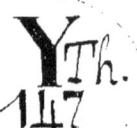

L'ACTIONNAIRE,

COMÉDIE EN UN ACTE ET EN VERS,

PAR

MM. DU MERSAN ET DUPIN,

Représentée pour la première fois

POUR L'OUVERTURE DU SECOND THÉATRE FRANÇAIS,

DANS LA SALLE DE L'ODÉON,

le 28 Octobre 1841.

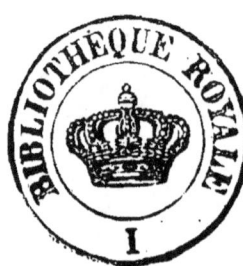

PARIS.

BRETEAU ET PICHERY, LIBRAIRES-ÉDITEURS,

Passage de l'Opéra, 16, galerie de l'Horloge.

1841.

PERSONNAGES.

—

	MM.
FIERVILLE, Ami du Directeur du Théâtre.	BIGNON.
MOUSSINOT, Capitaliste.	DEROSSELLE.
RAYMOND, ⎫	V. LAUTMANN.
VALCOUR, ⎬ Acteurs.	ALFR. BARON.
SAINVAL, ⎭	MUNIÉ.
COURTOIS, Machiniste.	ROUSSET.
PIERRE, Garçon de Théâtre.. . .	Personnage muet.

TRAVESTISSEMENS.

M. JOLY, Rentier. ⎫ Joués par	
ANACHARSIS, Lion. ⎭	RAYMOND.
OSCAR, Etudiant, joué par . . .	VALCOUR.
FLORICOUR, jeune médecin. ⎫	
BRICHET, Imprimeur. ⎭ Joués par SAINVAL.	
PAULINE, Nièce de Moussinot. .	Mmes. ROUSSET.
MADAME DUMONT, jouant Madame Tricot, Ouvreuse de Loges.	WEISS.
MADAME SAINT-ANGE, jouant Rouflette, Grisette	Mlles. BERTHAUD.
MADEMOISELLE ADÈLE, jouant Babet.	HEINEL.

La Scène est sur le Théâtre de L'Odéon.

L'ACTIONNAIRE.

Le Théâtre offre un mélange de diverses décorations,

SCÈNE PREMIÈRE.

FIERVILLE, COURTOIS, PIERRE.

FIERVILLE.

Pierre, Courtois, chacun a-t-il sont bulletin?

COURTOIS.

Pierre les a portés, monsieur, dès ce matin.
Pour ses jambes, ma foi, nous avons trop d'artistes.

FIERVILLE.

Et trop peu, s'ils sont bons. Vous, chef des machinistes,
Vos décorations vont-elles comme il faut?
Tout est-il prêt?

COURTOIS.

Sans doute, et du bas jusqu'en haut.
Les machines jamais ne manquent au théâtre.

FIERVILLE.

Vous faites le plaisant!

COURTOIS.

Je suis d'humeur folâtre.
Mais notre directeur est donc encore absent?...

FIERVILLE.

Qu'importe, comme ami je suis son remplaçant.
Les bureaux, les auteurs... Il est toujours en course.

COURTOIS.

A sa place j'irais solliciter la bourse.

FIERVILLE.

Nous allons répéter, Courtois, il faut, mon cher,
Préparer votre trape et vos feux pour l'enfer.

COURTOIS.

J'ai mis le contrepoids et graissé le cordage.
Un tonnerre tout neuf doit servir pour l'orage,

FIERVILLE.

Nous essaîrons d'abord l'acte de la forêt.
Pierre, pour le festin, voyez si tout est prêt.

(*Pierre sort.*)

SCÈNE II.

LES MÊMES, RAYMOND.

RAYMOND (*qui a entendu les derniers mots*).

Un festin? me voici. Mon ami, je me pique
De n'y manquer jamais.

FIERVILLE

Pourtant, à la réplique,
Monsieur l'acteur bouffon, hier vous n'étiez pas.

RAYMOND.

J'y suis toujours, monsieur, s'il s'agit d'un repas.

FIERVILLE.

Oui, mais hier matin...

RAYMOND.

Ah! c'est une autre affaire,
Je vois qu'il ne s'agit que du festin de Pierre.

COURTOIS.

Et monsieur Sganarelle est tant soit peu glouton;
Je vois qu'il n'aime pas les soupers de carton.

RAYMOND.

J'en conviens franchement, fuyant toute imposture,
Au théâtre, avant tout, je cherche la nature.

COURTOIS.

Comme on ne la met point sur table, à ce repas;
Aisément je conçois que vous ne riez pas :
Mais nous, lorsque le spectre à pas lents se retire,
Et que vous tremblez tant, nous avez-vous fait rire!
L'auteur est un grand homme! au gré de son désir,
Pendant sa pièce on peut aller se rafraîchir.
Je puis au cabaret, grâce à monsieur Molière,
Passer tranquillement une heure toute entière;
Tandis qu'il faut rester à maint drame nouveau,
Vu, qu'à moitié souvent, l'on baisse le rideau.

(*Il sort.*)

SCÈNE III.

FIERVILLE, RAYMOND.

FIERVILLE.

Grands dieux! que d'embarras pour ouvrir un spectacle!
Si l'on en vient à bout, c'est vraiment un miracle.
Pour fonder un état, certe un législateur,
Est moins embarrassé que n'est un directeur!
Partager les emplois, distribuer les titres,
Faire un code complet en deux mille chapitres,
Est plus aisé, je crois, que classer les acteurs,
Former un répertoire au gré des spectateurs;
Et pour faire mouvoir des rouages immenses,
Monter le grand ressort, le ressort des finances!

RAYMOND.

Vous avez bien raison. C'est celui-là surtout,
Qui des difficultés peut seul venir à bout.
Vous avez des acteurs, des pièces toutes prêtes,
Des décorations, des loges, des banquettes,
Des ouvreuses, du gaz, vous aurez du public,
Mais il vous manque encor...

FIERVILLE.

De l'argent,

RAYMOND.

C'est le hic!
Oui, car les fournisseurs sont tous des mercenaires.
Ne pouvez-vous trouver...

FIERVILLE.

Quoi?

RAYMOND.

Des actionnaires?

FIERVILLE.

L'espèce en devient rare, on les a tant trompés;
Que ces honnêtes gens craignent d'être dupés!
Pourtant, j'en attends un, fort riche et très bonhomme,
Capable d'avancer une assez forte somme...

RAYMOND.

Si, par quelque hasard, quelqu'insigne bonheur,
Nous pouvions seulement trouver un grand acteur!...

FIERVILLE.

J'aimerais mieux ici former un bon ensemble.
Un talent isolé fait que toujours on tremble.
L'édifice fondé sur un pilier, n'est rien :
Il s'écroule au moment où manque le soutien.

RAYMOND.

L'histoire nous en offre un assez bon exemple :
C'est ainsi que Samson fit seul crouler un temple.

FIERVILLE.

Le Samson que j'attends nous serait bien urgent.
Il peut nous soutenir : Il est fort.... en argent.
Mais voici nos acteurs.

SCÈNE IV.

LES MÊMES, VALCOUR, SAINVAL, Mesdames DU-
MONT, SAINT-ANGE, ADÈLE, PAULINE,
COURTOIS.

COURTOIS.

Monsieur, c'est une lettre
Qu'entre vos mains ici, l'on m'a dit de remettre.

FIERVILLE.

C'est du capitaliste... Ecoutez.

TOUS.

Ecoutons.

FIERVILLE.

Mes amis, c'est l'argent sur lequel nous comptons.

TOUS.

Bravo ! vive l'argent.

FIERVILLE.

Cet accord est unique.
C'est vraiment ici comme... à l'Opéra-Comique.

(*Lisant*).

« Mon cher ami,
» Je vous ai promis de venir vous voir et je tiendrai
» ma parole ; je m'intéresse comme vous au sort de
» l'Odéon : mais prévenez votre directeur des réflexions
» que j'ai faites. Les habitants du faubourg Saint-Ger-
» main seront-ils bien disposés à seconder vos efforts ?
» Les étudians ne sont-ils pas un peu mauvaise tête?...

» Les prolétaires garniront-ils vos petites places?... On
» m'a dit que vos acteurs n'étaient pas très... con-
» nus..... »

VALCOUR.

« Nos pareils à deux fois ne se font pas connaître.

SAINVAL.

Ceux qu'on voit une fois, et qu'on fait disparaître.

FIERVILLE (*continuant*).

« D'ailleurs, je suis fort occupé de deux choses très
» chagrinantes : une nièce que j'ai perdue, et un pro-
» cès que j'ai bien peur de perdre. D'après ces consi-
» dérations, comptez sur moi, je viendrai comme vieil
» amateur du théâtre passer la matinée avec vous, et
» si je ne vous donne pas mon argent, je vous don-
» nerai d'excellens conseils.
» Tout à vous... »

VALCOUR.

Tout à vous ! Il ne nous donne rien !

SAINVAL.

Voilà ce que le siècle appelle homme de bien !

FIERVILLE.

Cependant on pourrait...

(*Il parle bas à Valcour*).

VALCOUR.

J'approuve cette idée.

FIERVILLE.

Vous comprenez?

VALCOUR.

Parbleu! La chose est décidée.

SAINVAL.

Réponds-tu du succès ?

VALCOUR.

« Non, pour être approuvés,

» De semblables desseins veulent être achevés.»

SAINVAL.

Venez, mes chers amis, faisons cause commune.
Partagez de César, la gloire et la fortune !

(*Ils sortent*).

SCÈNE V.

FIERVILLE, RAYMOND.

RAYMOND.

« Ce sont là de ces coups que l'on n'attendait pas.
» Voilà la troupe au diable et le théâtre à bas. »

FIERVILLE.

Ah ! maudit Moussinot !

RAYMOND.

Qui ? Moussinot d'Auxerre,
De vignobles fameux riche propriétaire ?

FIERVILLE.

Vous le connaissez ?

RAYMOND,

Oui.

FIERVILLE.

Si vous étiez liés...

RAYMOND.

Nous le fûmes beaucoup ; mais nous sommes brouillés.
Sans son consentement j'ai su plaire à sa nièce ;
Il n'a jamais voulu me pardonner la pièce.

FIERVILLE.

Sa nièce ?

RAYMOND.

C'est ma femme. Ah ! mon cœur aujourd'hui
Trouve un double intérêt à vous servir d'appui.

FIERVILLE.

Mais s'il vous reconnaît...

RAYMOND.

Il ne m'a vu qu'en scène ;
Ses yeux sont fort mauvais, et sa vue est peu saine.
Je débutais alors ! Il voulait pour neveu
Quelqu'un dont le talent du public eût l'aveu,
Il ne m'en trouvait pas ! Mais sa nièce indulgente
M'en a trouvé beaucoup ! Et la jeune innocente,
Se dérobant aux lois de cet oncle inhumain,
Avec moi prit la poste, et me donna sa main.
Je sais, mon cher ami, ce qui me reste à faire,
C'est à moi, maintenant, de conduire l'affaire ;

Et diplomate adroit, rusé caméléon,
Puissé-je réussir, et sauver l'Odéon.

(Il sort.)

FIERVILLE.

Je vois venir mon homme, il tâtonne, il hésite ;
Pour donner de l'argent, on ne vient jamais vite.

SCÈNE VI.

FIERVILLE, MOUSSINOT, *amené par* **COURTOIS.**

MOUSSINOT.

En quels lieux, s'il vous plaît, conduisez-vous mes pas ?
Car mes yeux affaiblis ne les distinguent pas.

COURTOIS.

C'est qu'on n'a point encore éclairé le thé.r.

(Il sort.)

FIERVILLE.

Ah ! voilà mon ami ! De notre art idolâtre,
Véritable amateur. Vous m'avez donc promis
Que vous voudriez bien me donner...

MOUSSINOT.

Mes avis...

C'est ici que j'ai vu Contat et Dangeville,
Lekain, Molé, Fleury, le célèbre Préville !
Quels acteurs, mon ami ! Ces comédiens fameux,
Hélas ! ont emporté leur secret avec eux.
Depuis plus de trente ans, je n'ai point vu la scène
Veuve de ces talens qu'on remplace avec peine...
Qu'on ne remplace pas !...

FIERVILLE.

Si leur règne a passé,
Leur héritage fut en d'autres mains laissé.
Devienne, avec Joli, fut charmante en soubrette,
Mars, d'abord ingénue, ensuite fut coquette ;
Elle unissait, finesse et grâce et sentiment ;
Son éclat lui valut le nom de diamant.
A Lekain, qui long-temps fut le roi de la scène,
A succédé Talma, chéri de Melpomène.
Si leur perte vous laisse un regret trop cuisant,
Oubliez le passé pour jouir du présent.

Ces excellens acteurs, chers à votre mémoire,
Ont travaillé long-temps pour avoir tant de gloire.
L'étude et le courage ont affermi leurs pas;
Toujours, du premier coup, le but ne s'atteint pas.
Tout acteur, mon ami, du public est l'élève :
L'indulgence le forme et le bon goût l'achève.
D'ailleurs, que voulez-vous? Les acteurs d'autrefois
Ressusciteront-ils, mon cher, à votre voix?
Enfin, ils ne sont plus. Faudrait-il sur leur tombe,
Des acteurs d'aujourd'hui leur faire une hécatombe ?
Ils ont par leur talent réjoui nos aïeux;
Nous, jouissons de ceux qui sont devant nos yeux.
Je veux qu'à mes plaisirs nul regret ne s'oppose.
Je n'ai pas vu Préville, et j'applaudis Monrose.

MOUSSINOT.

Fort bien ; mais vous voulez que j'expose mes fonds,
Sur un espoir léger !

FIERVILLE.

A cela je réponds :
Vous n'avez pas le cœur d'un froid capitaliste.
Des protecteurs de l'art vous grossirez la liste.
Vous verrez votre nom en lettres d'or tracé,
Et dans notre foyer votre buste placé.

MOUSSINOT.

J'estime assurément des faveurs aussi nobles,
Mais je n'expose pas l'argent de mes vignobles.

FIERVILLE.

Vous nous refusez donc ?

MOUSSINOT.

Je ne l'assure pas;
Mais je vous veux avant conter mes embarras.

FIERVILLE, à part.

Ne le rebutons pas, de peur qu'il ne se fâche.

MOUSSINOT.

Et ma nièce et mes bois...

FIERVILLE, à part.

Le bon vieillard rabâche!

MOUSSINOT.

J'ai perdu sa tendresse et de bons revenus.
C'est une affaire au moins de trente mille écus !

FIERVILLE.

Vous aurez votre bois, votre nièce si chère...

MOUSSINOT.

Les réparations qu'il me va falloir faire...

FIERVILLE.

Vous allez ce matin gagner votre procès.

MOUSSINOT.

Cela pourra du moins adoucir mes regrets !
Mais puisque me voici, près de vous je demeure :
Voyons donc vos acteurs.

FIERVILLE.

　　　　　　　Ils viendront tout à l'heure.
Quand vous les jugerez, soyez encourageant,
Et comme le public, veuillez être indulgent.

SCÈNE VII.

LES MÊMES, MAD. TRICOT (*Mad. Dumont*).

MAD. TRICOT, *faisant un signe d'intelligence à Fierville.*
Monsieur?...Je viens m'offrir comme ouvreuse de loges.
Je crois dans cet état mériter des éloges.
Depuis long-temps j'exerce, et crois, en vérité,
Que vous pouvez compter sur ma capacité.

FIERVILLE.

Une ouvreuse? à monsieur je veux que l'on s'adresse.

MOUSSINOT.

Ayez pour le public beaucoup de politesse.

MAD. TRICOT.

Nayez pas peur, monsieur, que j'y manque jamais.
D'ailleurs, la politesse est dans mes intérêts.
Je sais tout ce qu'il faut pour qu'un spectacle plaise.
On est plus indulgent quand on est à son aise.
Donner le petit banc, serrer châle et manteau,
Craindre de chiffonner ou friper le chapeau,
Parler discrètement lorsque l'on m'interroge,
N'interrompre jamais un couple dans sa loge ;
Vanter adroitement le talent des acteurs ;
Savoir louer la pièce en nommant les auteurs;

Dire que l'on avait grande foule la veille,
Et que le lendemain elle sera pareille.
Une ouvreuse remplace, en faisant son devoir,
L'affiche du matin : elle est celle du soir.

MOUSSINOT.

Je vois que vous avez beaucoup d'intelligence.

MAD. TRICOT.

J'ai trente ans de théâtre, et j'eus la confiance
Et de monsieur Duval et de monsieur Picard ;
Ils m'ont toujours, tous deux, traitée avec égard.
À l'Odéon, déjà, j'étais en exercice,
Lorsque, pour sa patronne, il eut l'impératrice,
Et des *Deux Philibert* j'avais vu le succès,
Quand il fut le second des théâtres français.
J'y vis naître et grandir l'auteur des *Messéniennes*,
Avec les *Comédiens.* les *Vêpres Siciliennes* ;
Et de monsieur Dupré j'aimais déjà la voix,
Lorsque monsieur Bernard donna *Robin des Bois.*
L'Odéon, dans ce temps, fit plus d'une recette,
Il peut en faire encore, et je vous en souhaite !

FIERVILLE.

Et nous pouvons en faire aujourd'hui comme alors,
Si le public veut bien seconder nos efforts.

MAD. TRICOT.

Je veux que chaque ouvreuse à mes soins participe,
Il faut pour réussir agir avec principe.

(*Elle sort.*)

FIERVILLE.

Vous voyez ce qu'a dit cette femme de bien :
L'Odéon, maintes fois, s'en est tiré fort bien !

SCÈNE VIII.

LES MÊMES, OSCAR, *étudiant en droit* (*Valcour*).

OSCAR.

Je me permets, monsieur, d'entrer par la coulisse,
Mais un étudiant partout cela se glisse !

FIERVILLE.

Entrez, entrez, monsieur, cela vous est permis ;

Surtout si vous voulez être de nos amis.
Vous étudiez donc?

OSCAR.

En droit... Et j'ai des chances...
Mais j'aimerais bien mieux prendre ici mes licences.
Vos actrices sont bien, à ce que l'on m'a dit,
Et je voudrais les voir de près.

FIERVILLE.

C'est interdit ;
Au théâtre du moins.

OSCAR.

Oui ; mais ces demoiselles
Reçoivent assez peu les étudians chez elles.
Pourrais-je voir au moins la répétition?

FIERVILLE.

Vous auriez tort, cela détruit l'illusion.
Aux répétitions on juge mal l'ouvrage.

OSCAR, gaiement.

Vous ne tenez pas trop, je crois, à mon suffrage ;
Tant pis pour vous, monsieur, et tant pis pour l'auteur.
Songez qu'il ne faut pas nous donner de l'humeur ;
Car les étudians ont tous mauvaise tête ;

FIERVILLE.

Oui : mais ils ont bon cœur.

OSCAR.

Selon comme on les traite.
Avec de la rigueur on ne fait rien de nous.

MOUSSINOT, à part.

Diable !

FIERVILLE.

En s'y prenant bien, l'on vous rend bons et doux.

OSCAR, riant.

Vous êtes un flatteur. Craignez dans votre salle,
Que pour nous amuser nous ne fassions scandale.

FIERVILLE.

Oh ! je ne le crains pas , et Français et galans...

OSCAR.

Ah ! que c'est rococo !

MOUSSINOT, à part.

Je les crois turbulens.

OSCAR.

La gaîté, voyez-vous, doit passer la première.
Si pour vous visiter nous quittons la Chaumière,
Il faut nous amuser, et si l'ennui nous prend,
Si l'entr'acte est trop long; le danger sera grand.
Chacun de nous pourra s'en donner à son aise.

MOUSSINOT.

Vous allez voir qu'ils vont chanter la Marseillaise.

OSCAR.

Oui, nous la chanterons! Mais non dans un endroit
Où de troubler le calme on n'a jamais le droit.
Nous aimons la gaîté, le bruit, les épigrammes,
Mais nous avons du goût, nous respectons les dames.
L'Ecole, des plaisirs ne trouble point la paix.
Nous garderons cet hymne éminemment français,
Pour le chanter en chœur avec la France entière,
Si jamais l'ennemi menaçait la frontière !

MOUSSINOT.

Ah ! c'est bien! En ce cas, nous nous entendons tous,
Et je veux, quoique vieux, le chanter avec vous.

FIERVILLE.

Quand on parle raison chacun peut la comprendre.

OSCAR.

Même un étudiant, quand on sait bien le prendre.
Ceux qui souvent chez vous ont causé du fracas,
Usurpant notre nom ne le méritaient pas.
Chacun sait respecter l'état qu'il se destine,
Que ce soit le barreau, le droit, la médecine!
Oui, nous avons sifflé, lorsque des éléphans,
De Molière venaient remplacer les enfans,
Ou, lorsque les Français, nous envoyant leurs doubles,
Laissaient leurs bons acteurs jouer chez eux sans troubles.
Mais pour Duval, Picard, et Lavigne et Dumas,
La foule a su braver la chaleur, les frimas.
Et nous avons toujours réprimé la cabale,
Lorsque l'on a donné du bon dans votre salle.

MOUSSINOT.

Voilà qui me rassure ; il a parbleu raison.
Il faut, mon cher ami, ne donner que du bon.

OSCAR.

Comptez-vous vous borner à l'ancien répertoire?

FIERVILLE.

Non, certes ; du théâtre il fit jadis la gloire,
Et Molière et Corneille et Racine et Regnard,
Seront toujours pour nous les maîtres de leur art.
Mais un siècle nouveau veut qu'une main moderne
Fronde un nouvel abus sitôt qu'il le gouverne ;
Retrace un ridicule, une mode, un travers,
Et qu'à l'auteur comique ils inspirent ses vers !
Les sottises du jour, ses vices, sa folie,
Doivent être en tout temps le tribut de Thalie.
Tout change et doit changer, et de nouvelles mœurs,
Ouvrent un vaste champ à de nouveaux auteurs.

OSCAR.

C'est parler comme il faut.

MOUSSINOT.

Oui ; touchez-là, jeune homme.

FIERVILLE.

Je vois que vous allez nous prêter quelque somme ;
Car nous réussirons.

MOUSSINOT.

J'en partage l'espoir.

FIERVILLE.

Eh bien ! parlons un peu...

MOUSSINOT.

Nous parlerons ce soir.

OSCAR.

J'approuve tout ; chez vous chaque soir je m'installe.
Je veux vous applaudir, et je paîrai ma stalle. (*Il sort.*)

FIERVILLE.

Vous voyez, nous aurons les étudians pour nous.
Ils ont de la raison, parfois, ces jeunes fous.

SCÉNE IX.

LES mèmes, M. JOLY (*Raymond*).

(*On entend un grand bruit dans la coulisse.*)
COURTOIS, *dans la coulisse.*

Permettez donc, vieillard...

JOLY.

Voilà de l'arbitraire.

COURTOIS.

On n'entre pas...

JOLY, *le poussant et entrant.*

Maraud, tu vois bien le contraire.

FIERVILLE.

Courtois, laisser passer.

JOLY, *à Courtois.*

C'est ton nom?

COURTOIS.

Je le crois.

(*Il sort.*)

JOLY, *à Fierville.*

Le bélitre, monsieur, ne l'est pas trop, Courtois.
Un théâtre pourtant ne vit que de recettes.
Qui les fait arriver?... Ce sont les grands poètes!

MOUSSINOT, *saluant.*

Monsieur en serait un?...

JOLY.

Pour vous féliciter,
Avant tout, aujourd'hui, je viens vous visiter.
Un ministre, l'ami des arts et des lumières,
Cédant à nos désirs, cédant à vos prières,
A Melpomène tend sa secourable main,
Et va rendre la vie au faubourg Saint-Germain.
Quel agrément pour moi! Si je vais en voyage,
Au moins ma jeune épouse aura du voisinage,
Quelques consolateurs : mon unique désir,
Fut toujours de lui voir prendre un peu de plaisir

FIERVILLE.

Pardon, mais aujourd'hui...

JOLY, *continuant.*

Tous les propriétaires
Vont enfin, grâce à vous, trouver des locataires.
Le modeste *Pinson* et le brillant *Dagneaux*
Vont augmenter au moins d'un tiers leurs fricandeaux.
Procope se mirait presque seul dans ses glaces,
Maintenant il pourra vendre ses demi-tasses;

Et les fiacres loués, en passant devant vous,
S'arrêteront tout court, et vous béniront tous.

FIERVILLE.

Quand on ouvre un théâtre on a plus d'une affaire.
Dites-nous au plus tôt...

JOLY.

Je vais vous satisfaire.
Du carrefour Bussy vous voyez un rentier,
Et depuis quarante ans j'habite le quartier.
Monsieur Joly...

FIERVILLE, *avec impatience.*

Bien... mais...

JOLY.

Vous n'avez pas un siége?...
N'importe ; vous saurez qu'en sortant du collége,
J'ai fait ma tragédie...

FIERVILLE.

Ah! monsieur est auteur!

JOLY.

Et suis de plus, monsieur, votre humble serviteur.
L'ouvrage est disposé dans le goût de l'antique,
Imité de Sophocle, et tout-à-fait classique.

MOUSSINOT.

C'est juste, puisqu'il fut presque fait sur les bancs.

JOLY.

Voltaire a fait *OEdipe*... Il avait dix-huit ans.

MOUSSINOT, *à Fierville.*

Il a raison, mon cher; voyons sa tragédie.

FIERVILLE, *à Moussinot.*

Laissez donc, mon ami, c'est quelque rapsodie.
(*A Joly.*)
La pièce ainsi que vous a dû vieillir, hélas !

JOLY.

Détrompez-vous, monsieur, le beau ne vieillit pas !

FIERVILLE.

Sur quel heureux théâtre, exposant vos ouvrages,
Avez-vous obtenu déjà quelques suffrages ?

2

JOLY.

A tous les directeurs, mon cher monsieur, j'ai lu
Mes chefs-d'œuvre divers... et nul n'en a voulu.
Nous sommes vingt auteurs que le destin torture,
Qui de votre Odéon attendons l'ouverture,
Pour nous faire jouer.

FIERVILLE, *gaiment.*

Monsieur, vous le serez,
pour peu que vous ayez des titres assurés.

JOLY.

Je le crois. Vous voyez qu'à vous je m'intéresse,
Puisque je viens d'abord vous offrir cette pièce.

FIERVILLE.

Bien que la tragédie ait de nobles appas,
En ce moment, monsieur, cela ne nous va pas.

JOLY.

Vous voulez du comique : on peut vous satisfaire.
Par un hasard heureux, monsieur, j'ai votre affaire,
Un ouvrage piquant : je vais vous le conter.

FIERVILLE.

Mille pardons, monsieur, nous allons répéter.

JOLY.

Cinq minutes, pas plus...

MOUSSINOT *à Fierville.*

Il faut le satisfaire.
En l'écoutant, plus vite on pourra s'en défaire.

JOLY.

Vous n'aurez pas l'ennui que procure un lecteur;
Ainsi que Crébillon, je dis mes vers par cœur.
Le titre...

MOUSSINOT.

Est d'un auteur la première science,

JOLY.

C'est : *Encore une épreuve.*

FIERVILLE, *à Moussinot.*

Oui, de ma patience.

JOLY.

Bon, déjà vous grillez, et je lis dans vos yeux,
De connaître l'ouvrage un désir curieux.

Personnages, d'abord : Le père, c'est Arnolphe,
Ou bien Géronte, Argante ou le seigneur Pandolphe.
Quant à l'amant, qui doit être leste et bien mis,
Vous choisirez Clitandre, ou Valère, ou Damis.
Le valet qui toujours par son astuce brille,
Ce sera Gros-Réné, Scapin, ou Mascarille.
Nous avons maintenant une jeune beauté,
C'est Agnès ou Lucile... Agnès est adopté.
Je n'ai rien oublié ?... Si fait, c'est la soubrette,
Nous mettrons ou Marton, ou Lisette, ou Finette.
Choisissez...

FIERVILLE

Mais, monsieur, nous sommes très pressés.
Tout ce qu'il vous plaira, mais surtout finissez.

JOLY.

Oui, vous avez raison : finissons. Je commence...
(à *Moussinot lui montrant Fierville*).
Ne lui trouvez-vous pas certain air de démence ?
(*Haut*).
Pour décor, un salon.

FIERVILLE.

Le nôtre n'est pas prêt.

JOLY.

Ça m'est égal. Alors, vous mettrez la forêt.
Scène première... c'est Mascarille et Lisette.
Le premier est bavard : la seconde est coquette.
Vous voyez ça d'ici... Maintenant l'amoureux
Se présente aux valets... Il raconte ses feux :
Lisette est à ses yeux son unique ressource,
Vous devinez la scène... Il lui donne sa bourse.
Vous voyez les lazzis que la bourse promet,
Et tous les mots piquans que cette scène admet ;
C'est du fou rire. . Après, habilement je passe
A la scène d'Agnès, une scène de grâce.
Damis apprend qu'Agnès à son rival écrit,
C'est une épreuve... Alors, la rage, le dépit...
La belle après avoir bien ri de sa colère,
Vous voyez ça d'ici... Je fais venir le père ;
On tombe à ses genoux, après beaucoup d'hélas !
Ce bon père pardonne.... Ou ne pardonne pas.

S'il ne pardonne pas, alors, ça fait un drame,
Et si de mon talent c'en est un qu'on réclame
Je puis...

FIERVILLE.

Eh ! non, vraiment, c'est bien comme cela,
Et si vous m'en croyez, monsieur, restez en là....

JOLY.

Il paraît que ma pièce obtient votre suffrage?

FIERVILLE.

Je n'en veux pas savoir à présent davantage.

JOLY.

Cet ouvrage demande et du tact et du goût.
C'est Molière et Regnard que j'imite avant tout.
Je puis compter, je crois, sur une réussite?

MOUSSINOT.

Il faut que les acteurs aient beaucoup de mérite.
L'ouvrage me paraît assez bien dessiné.

JOLY.

Vous trouvez?

FIERVILLE.

Mais est-il tout-à-fait terminé?

MOUSSINOT.

Il serait malheureux...

JOLY.

Calmez-vous, je puis dire
Comme Racine a dit : Je n'ai plus qu'à l'écrire.

FIERVILLE.

Eh ! bien, rentrez chez vous et la plume à la main...

JOLY.

C'est bon... Je vous entends, et vous l'aurez demain.

FIERVILLE (*Courtois paraît*).

Reconnaissez monsieur.

JOLY, *prenant sa canne et son chapeau.*

Demain je vous l'apporte.

FIERVILLE, *à Courtois.*

S'il rentre ici jamais, je vous mets à la porte.

MOUSSINOT.

Et vous avez raison. De tels littérateurs,
Sont vraiment le fléau des pauvres directeurs !

Mais quelle confiance, et quel aplomb unique !
Il m'a fait beaucoup rire ! Il est, ma foi, comique.

SCÈNE X.

LES MÊMES, RONFLETTE (*Mad. St-Ange*), PIERRE.

RONFLETTE *riant.*

Ah ! ah ! ah ! ah !
J'en ris encor ! Il faut punir les inconstans !
Ah ! je n'oublîrai pas la scène de long-temps.

FIERVILLE.

Mon Dieu, ma belle enfant, qu'avez-vous donc à rire ?

RONFLETTE.

Laissez-moi rire encor, et je vais vous le dire.

MOUSSINOT.

A votre aise.

RONFLETTE.

A présent c'est fini... Mais d'abord...
(*Au garçon de théâtre, qui sort*).
Portez ces vingt-cinq sous, mon cher, à mon mylord.

MOUSSINOT.

Vingt-cinq sous, un mylord !

RONFLETTE.

C'est le prix d'une course.
Ces petits chars-à-bancs sont de grande ressource.

FIERVILLE.

Pourrait-on maintenant, vous demander ?...

RONFLETTE.

Mon nom ?...
Dans le pays latin il a quelque renom.
Ronflette...

MOUSSINOT, *à part.*

Quoi ! Ronflette : un pareil nom me blesse.
Il manque, à mon avis, tout-à-fait de noblesse.

RONFLETTE.

Comme chez vous, dit-on, on rit matin et soir,
Vous m'y voyez conduite... et par le désespoir.

MOUSSINOT.

Votre chagrin veut rire ?

RONFLETTE.

On ne saurait mieux faire
Et l'infortune doit chercher à se distraire.

MOUSSINOT.

C'est vrai.

FIERVILLE.

Dites-nous donc votre aventure, enfin.

RONFLETTE.

Vous saurez donc , monsieur, que j'aime mon cousin.

MOUSSINOT.

Vous avez un cousin?... J'ai quelques petits doutes...

RONFLETTE.

Je ne suis pas la seule, et nous en avons toutes.
C'est un jeune blondin insinuant, adroit,
Au regard doux et tendre et très fort sur le droit.
Ce matin je lui dis : d'une voix douce et fière ,
Mon Oscar, conduis-moi ce soir à la Chaumière.
—Impossible, ma belle...—Impossible...Eh pourquoi?..
—Tu sais tout le plaisir que j'ai d'être avec toi ,
Mais d'un bel héritage ayant la douce attente,
C'est à vêpres qu'il faut que j'aille avec ma tante.
Reste donc au logis, amuse-toi, dors bien.
Je feins d'y consentir et je n'objecte rien.
Oui, mais comme je sais que l'ingrat que j'adore,
A porté des bouquets à la petite Laure,
A huit heures sonnant, je tombe dans le bal.
Eh bien , mon cher monsieur, ce cousin si moral,
Avec Laure dansait... Et la Saint-Simonienne !...
Alors, vous comprenez que je fais une scène.

MOUSSINOT.

Et vous êtes brouillés ?

RONFLETTE.

C'est un fort bon garçon.
Il a fini, ma foi, par avoir son pardon.
Mais quand je lui faisais une juste querelle,
Ma colère, monsieur, était si naturelle,
Avait un air si vrai... que ma vocation

Se révélant, j'ai pris la résolution
De venir en ces lieux jouer la comédie.

FIERVILLE, *à Moussinot.*

Chez ces jeunes beautés c'est une maladie.

(*A Ronflette*).

Vous voulez sur la scène alors porter vos pas?

RONFLETTE.

C'est mon plus grand désir.

MOUSSINOT.

Cela ne suffit pas.
Cet art veut des travaux et des études telles...
Qu'avez-vous fait déjà?...

RONFLETTE.

Moi?... J'ai fait des bretelles.

MOUSSINOT.

Mais il faut savoir dire...

RONFLETTE.

On le sait : oui, mon cher,
Comme au Conservatoire, on fait rouler les R.

FIERVILLE.

C'est un commencement; mais le plus difficile...

RONFLETTE

De plus, j'eus des leçons d'un professeur habile.
Il était fier de moi. J'ai beaucoup profité ;
Et cela tient, monsieur, à ma facilité.

MOUSSINOT.

Elle ne va pas mal, mais ce qui m'inquiète,
C'est qu'après tout, enfin, ce n'est qu'une grisette.

FIERVILLE.

Qu'importe ! Il nous fait voir, ce siècle producteur,
Un boulanger poète, un tonnelier chanteur.

MOUSSINOT.

Moi, j'en ai bonne idée: à la jeune merveille,
Il faut faire essayer quelques vers de Corneille.

FIERVILLE, *à Ronflette.*

Ce que vous désirez, c'est une audition,
Sans doute?

RONFLETTE.

Oui, monsieur, c'est mon ambition.
Sans entendre, je crois, jamais on ne condamne.

MOUSSINOT, *lui donnant un volume.*

Eh bien ! répétez-nous le rôle d'Ariane.
Vous saurez qu'Ariane est fille de Minos ;
Thésée, un séducteur, dans l'île de Naxos,
La planta là tout net, sans guide et sans pilote...

RONFLETTE, *l'interrompant.*

Ne vous essoufflez pas : je connais l'anecdote.

(*Elle récite naïvement comme une écolière qui lit.*)

» Alors ma passion trouvera de doux charmes,
» A jouir de ses pleurs comme il fait de mes larmes,
» Alors il me dira si se voir lâchement
» Arracher ce qu'on aime, est un léger tourment. »
Eh bien ?

MOUSSINOT.

Vous n'êtes pas assez passionnée.
Ariane, à Naxos, vient d'être abandonnée.
Mettez-vous à sa place, entrez dans sa douleur,
Et puisque vous avez un jeune adorateur,
Que feriez-vous, trompant un cœur tel que le vôtre,
Si l'ingrat vous quittait ?..

RONFLETTE.

Moi ?.. j'en prendrais un autre.

MOUSSINOT, *à Fierville.*

Elle nous a dit ça, par ma foi, sans rêver !
Pour le genre comique il faut la réserver.

(*A Ronflette.*)

A vous prendre avec lui, mon enfant, je l'invite ;

(*à Fierville.*)

Pour les rôles grivois engagez-la bien vite.

RONFLETTE.

Je m'en vais prévenir tous mes adorateurs,
Le parterre, messieurs, sera plein d'amateurs.

(*Elle va pour sortir.*)

SCÈNE XI.

LES MÊMES, FLORICOUR, *jeune médecin, en noir, cra-*
vate blanche, gants blancs, une rose à la boutonnière,
un lorgnon.

FLORICOUR, *arrêtant Ronflette au moment où elle allait*
sortir.

Belle dame, comment, vous sortez quand j'arrive?
　　(*Il la ramène.*)
De la Seine, messieurs, j'habite cette rive,
Rive gauche.

　　　　　FIERVILLE.
　　Êtes-vous dans les chemins de'fer?

　　　　FLORICOUR, *souriant.*

Non pas; votre voisin, rue... ici près... d'Enfer;
Je viens pour l'Odéon, vous offrir mes services.
　　　　(*Montrant Ronflette et la lorgnant.*)
Vois-je un échantillon de vos belles actrices?

　　　　　RONFLETTE.

Pas encor, mais, monsieur, j'espère débuter.

　　　　　FLORICOUR.

Vous aurez des succès, j'ose vous l'attester,
Et je suis connaisseur; vous êtes ravissante.

　　　　　FIERVILLE.
Peut-on savoir, monsieur?..

　　　　　FLORICOUR.

　　　　　　　　　Pourquoi je me présente?
　　(*A Ronflette.*)　　　　　(*Il chante.*)
Oui. Jouez-vous Rosine ? alors : *Je suis Lindor...*

　　　　　MOUSSINOT.

Ah ! je vois ce que c'est : vous êtes un ténor.

　　　　　FLORICOUR.

De société.

　　　　　MOUSSINOT.

　　Bon !

　　　　　FLORICOUR.
　　J'adore la musique.

FIERVILLE.

Alors, présentez-vous à l'Opéra-Comique;
Nous n'avons pas ici, privilège de chant.

FLORICOUR.

On chante bien sans ça, quelquefois !.. c'est méchant :
J'aime assez à lancer l'épigramme assassine.

MOUSSINOT.

Enfin vous êtes donc ?..

FLORICOUR.

Docteur en médecine.
De vous offrir mes soins, j'ai formé le dessein.
L'Odéon peut avoir besoin d'un médecin.

MOUSSINOT.

Quelquefois il est vrai qu'on l'a vu bien malade.

FLORICOUR.

Il ressuscitera, je me le persuade :
Et vous aurez pour vous toute la faculté.

RONFLETTE,

Des médecins!.. pour lui je tremble; en vérité.

FLORICOUR, *souriant.*

Vous suivez, je le vois, l'école de Molière.
Nous avons secoué cette antique poussière,
Ce grotesque jargon des docteurs d'autrefois.
Du goût, la médecine aujourd'hui suit les lois.
Mon cours d'anatomie est tout académique,
Et je répands des fleurs sur l'austère clinique.
De tous mes jolis mots, les étudiants sont fous.
Sur ma chaire, jamais ne pleuvent les gros sous.
Je n'ai point d'un tumulte essuyé l'algarade,
Ni, des sergens de ville, employé la brigade.
Je suis le médecin des grâces et des ris,
Et mon cabriolet vole dans tout Paris,
Chez les dames, surtout, qui charment cette ville.
Oui, je soigne Opéra, Français et Vaudeville.
Pour conserver la voix, j'ai le secret certain,
Le bonbon musical, appelé Mauritain.
Je fais la médecine et physique et morale.
(*Tirant une boîte et offrant à Ronflette.*)
Vous plaît-il un morceau de pâte pectorale?

RONFLETTE, *faisant la révérence.*

Vous êtes si galant, qu'on ne peut refuser.

FLORICOUR, *offrant aux autres.*

Et vous, Messieurs.—De moi vous pouvez disposer.
Je veux vous faire part de toutes mes recettes.

FIERVILLE, *riant.*

Une seule par jour : nos affaires sont faites.

FLORICOUR.

Vous m'acceptez.—De tout usez modérément.
Evitez les excès et le dérèglement.
Des écarts du faux goût, préservez votre scène.
Va piano, va sano. Telle est mon hygiène.
De mes prescriptions, si vous êtes contens,
Suivez bien mon régime, et vous vivrez long-temps.

MOUSSINOT.

De ce jeune docteur, j'aime les ordonnances.

FIERVILLE.

Fort bien : mais il faudrait y joindre vos finances.

FLORICOUR, *à Ronflette.*

Belle dame, une place en mon cabriolet ?...

RONFLETTE , *faisant la révérence.*

Mais oui.

FLORICOUR, *la lorgnant.*

Venez. Je veux vous mettre au petit lait.
(*Il lui offre la main et sort avec elle.*)

SCÈNE XII.

LES MÊMES, ANACHARSIS, *lion.* (*Raymond.*)

ANACHARSIS.

Monsieur le Directeur ?

FIERVILLE.

Monsieur, qui vous amène ?

ANACHARSIS.

Je viens de mes talents enrichir votre scène.

FIERVILLE.

Comme acteur ?

ANACHARSIS.

Non, monsieur. Je suis Anacharsis;
Un lion renommé du café de Paris.
En traversant les ponts, pour charmer vos parages,
Du jeune Anacharsis commencent les voyages.

FIERVILLE.

Et vous venez chez nous prendre un abonnement?

ANACHARSIS.

Cela se pourra bien : mais pas pour le moment.

FIERVILLE.

Que désirez-vous donc ?

ANACHARSIS.

Faire votre fortune.

MOUSSINOT, *à Fierville.*

Vite, acceptez : la chose est assez peu commune.

FIERVILLE.

Vos fonds...

ANACHARSIS.

Sont à la Bourse, avec du cinq, du trois.
Ici je craindrais trop les reports, fin de mois.

FIERVILLE.

Enfin, que voulez-vous?

ANACHARSIS.

Je vous crois raisonnable.
Je vous offre un ouvrage assez fashionable.
Une pièce de race, un vrai drame pur-sang !

FIERVILLE.

Monsieur, nous en avons déjà refusé cent.

ANACHARSIS.

Et vous avez bien fait : mais j'ai la hardiesse
De croire qu'aujourd'hui vous recevrez ma pièce.
C'est un ouvrage d'art, de bon ton; en un mot,
Du moderne, et je crois, tout-à-fait comme il faut !

FIERVILLE.

Nous verrons bien.

ANACHARSIS.

La mode est pour le drame intime :
Mais il faut de bon goût accommoder le crime,

Qu'il soit bien confortable, excentrique, élégant,
Et qu'en frac, en gants paille, on présente un brigand.

MOUSSINOT.

Croyez-vous ?

ANACHARSIS.

Pour avoir une vogue infinie,
Il faut des scélérats de bonne compagnie.

FIERVILLE.

Les vôtres...

ANACHARSIS.

Sont du siècle. Oh ! j'ai su les saisir.
J'ai plusieurs assassins qui vous feront plaisir.
Avec quatre bâtards, six femmes adultères,
Un homme méconnu se coupant les artères,
Une femme incomprise humant du vitriol,
Un dandy, professeur de morale et de vol.
La grande *Tour de Nesle* et la forte *Lucrèce*,
Devront assurément pâlir devant ma pièce.
Au théâtre on a vu sept bierres, j'en mets dix.
L'orchestre, en faux bourdon, joue un *De profundis*.
C'est le poison qui met mes acteurs dans la tombe,
Deux, trois, quatre, cinq, six, sur la scène tout tombe,
Tout meurt ! Vous devinez quel est le dénoûment ?....

MOUSSINOT.

Oui ; la pièce finit par un enterrement.

ANACHARSIS.

Général !

MOUSSINOT, *faisant signe à Fierville.*

Cela doit plaire aux pompes funèbres.

ANACHARSIS.

Je crois monter au rang de nos auteurs célèbres.
Voyez tous mes héros en scène succomber !
Mais, monsieur, vos acteurs sauront-ils bien tomber ?

MOUSSINOT.

Ils tomberont, monsieur (*à part*), aussi bien que la pièce.

ANACHARSIS.

J'y compte. Mais il faut tomber avec adresse,
Savoir bien se rouler, se contorsionner :
C'est un art où l'acteur doit savoir s'adonner.

J'ai su peindre mon siècle, et prouvé cet adage :
De la société le théâtre est l'image.

MOUSSINOT.

C'est vraiment très flatteur pour la société.

ANACHARSIS.

A ses contemporains on doit la vérité.

MOUSSINOT, *à Fierville.*

Si j'en crois ce monsieur, je suis en Barbarie ;
Cet auteur n'est, ma foi, qu'un lion en furie.

FIERVILLE.

C'en est un.

MOUSSINOT.

Quels fagots il nous débite là.
Et de plus, mon ami, quelle crinière il a.
Eux, qui vont, se moquant de nos têtes caduques,
Je vois, chez lui, l'étoffe, au moins, de six perruques.

ANACHARSIS.

Vous êtes enchantés. Ecoutez un moment :
Pour me faire juger, il suffit d'un fragment.
Sous le lugubre toit d'une auberge isolée,
Arrive une Andalouse, en pleurs, échevelée,
Qui, fuyant son jaloux, comme un léger cabri,
Dit : Je ne veux ici, que repos, et qu'abri.
Survient un Hidalgo, sous un habit fantasque,
Portant, poignard au poing, et sur le nez un masque.
D'une voix caverneuse, il lui dit, en vers : « Tu
» Viens te cacher ici, ce n'est pas par vertu.
» J'ai lancé, comme un daim, don Gil Gomez, qui roule
» Tout le long du dur roc. C'est ton amant ! avoue-le !
» Quoi ! tu gardes le si.... lence ? Ah ! si tu te tais,
» Ton époux t'entend tant, qu'il sait que tu mentais.
» Tu te crus belle... Non. Toute infidèle est laide.
» J'épointerai sur toi, ma dague de Tolède.
» Ton forfait me fait fort ! Je deviens assassin,
» Et la mort est le coup que je dois à ce sein.
« Meurs !.... » Il creuse une fosse avec son cimeterre ;
Puis, pour ensevelir ce grand crime, il l'enterre,
Et grave, gravement, sur la tombe, ces mots :
» Tu ne parleras plus ! ainsi cessent tes maux. »

MOUSSINOT, *à Fierville.*

J'aime assez ce lion, il rugit avec âme.
Encor mieux que l'écrire, il peut jouer le drame.
Ses vers, de poésie ont un certain parfum.
C'est dommage que ça... n'ait pas le sens commun.

ANACHARSIS.

Sous le charme, messieurs, je crois que je vous laisse.
Au café de Paris, je vais chercher ma pièce.
Il faut pour la jouer des comédiens profonds.

MOUSSINOT, *ironiquement à Fierville.*

Croyez, pour la jouer, que j'avance mes fonds.

ANACHARSIS.

Cinq actes ; vous savez, je compte sur la prime.

MOUSSINOT, *à Fierville.*

Mais ce serait, mon cher, encourager le crime.

ANACHARSIS.

J'ai ma voiture en bas. Veuillez m'attendre ici.
Vous paraissez contens, et je le suis aussi.

(*Il sort.*)

SCÈNE XIII.

LES MÊMES, **BABET** (*Mlle Adèle*), **COURTOIS.**

COURTOIS, *à Babet.*

Parlez à ce monsieur.

FIERVILLE.

  Qui cherchez-vous, ma chère ?
Est-ce moi ?

BABET.

  Non, monsieur, c'est un mil ionnaire.

FIERVILLE.

Diable ! un millionnaire !

BABET.

    Et je vois, entre nous,
Que ce n'est pas facile à trouver parmi vous.

MOUSSINOT.

La petite gaillarde ! Elle est vraiment gentille.

BABET, *à Moussinot.*

Ha !... de votre portier, monsieur, je suis la fille,
Et c'est vous que je veux.

MOUSSINOT.

Qui, moi ?

BABET.

Certainement.

FIERVILLE, *à Moussinot.*

Je vous en félicite ; elle est bien.

MOUSSINOT.

Oui, vraiment.

Approchez, mon enfant, j'ai la vue un peu basse.

BABET, *à Moussinot qui lui prend la taille.*

Tâchez donc de laisser votre main à sa place.
Regardez sans toucher.

MOUSSINOT.

Je voudrais le pouvoir,
Mais c'est là, maintenant, ma manière de voir.

BABET.

Votre avocat m'envoie, on juge votre affaire :
Il dit que vous allez être millionnaire.

MOUSSINOT.

Bon. Si je puis rentrer dans tous mes revenus,
Tu verras... tu verras, je ne t'en dis pas plus...

BABET.

Je ne vous comprends pas.

MOUSSINOT.

Elle est très amusante.

(*A Babet.*)

Si tu veux, je te prends...

BABET.

Comment ?

MOUSSINOT, *gaîment.*

Pour gouvernante.

Lorsque l'on n'y voit plus, il faut être mené.

FIERVILLE, *riant.*

Vous le seriez, je crois, et même par le nez.

BABET.

On dit que vous mettez des fonds dans ce théâtre ?

MOUSSINOT.

Ce n'est pas décidé.

BABET.

Moi, je suis idolâtre
Du spectacle ! Ah ! monsieur, on y voit tous les jours
Des jeunes gens galans parler de leurs amours.
C'est bien intéressant ! car on les contrarie ;
Par bonheur, à la fin, toujours on les marie.
Et de voir tout cela, je goûte le plaisir,
En attendant mon tour... Vous m'y ferez venir...

MOUSSINOT.

Oui, vraiment, si tu veux être ma gouvernante.

BABET.

D'être venue ici, que je suis donc contente.

(*Elle sort.*)

SCÈNE XIV.

Les mêmes, BRICHET, *ouvrier imprimeur* (*Sainval*).

BRICHET.

Excusez... Je voudrais parler au régisseur.

FIERVILLE.

Vous êtes ?

BRICHET.

Jean Brichet, ouvrier imprimeur.
Ça se voit au costume, et mon bonnet l'assure,
Puisque je suis coiffé de la littérature.

FIERVILLE.

Eh bien ! que voulez-vous ?

BRICHET.

Rien. C'est que mon patron,
Monsieur, est l'imprimeur choisi par l'Odéon.

MOUSSINOT.

Le théâtre a déjà son imprimeur ?

BRICHET.

A preuve !
Que de l'affiche ici je viens montrer l'épreuve.

MOUSSINOT.

Le théâtre n'est pas ouvert.

5

BRICHET.

Sur le papier,
Comment il ouvrira, l'on peut bien essayer.
Ah ! notre imprimerie en caractères est riche.
Je viens vous faire voir comme on fait une affiche.
L'affiche, voyez-vous, c'est le premier moyen,
Pour attirer le monde ; il faut qu'elle soit bien.
Le prote en a fait une, au théâtre analogue.
D'abord vous ouvrirez, je crois, par un prologue.
Voyez , il vous a mis prologue en *cicéron*.
Suivi du Misantrope en *grand-œil*, c'est bien bon.
Puis la petite pièce, il l'a mise en *mignonne*,
Le tout sera tiré sur grand papier *couronne*.

FIERVILLE.

Laissez la, nous verrons.

BRICHET.

Vous allez donc ouvrir !
En mon particulier, cela me fait plaisir.
Car, grâce à mon métier, je suis dans le classique ;
De m'y connaître un peu, croyez que je me pique.
Enfoncés, Saint-Marcel, Bobinot, Panthéon,
Les bêtises!... J'irai pleurer à l'Odéon.

FIERVILLE.

Mais on y rira.

BRICHET.

Bon ! Tant mieux : car j'aime à rire.
Vos acteurs sont-ils bons? vous pouvez me le dire.
Je veux de mes deux mains assurer leur succès.
Je m'y connais. Je fus autrefois aux Français...
Dans les temps! ils avaient une bien bonne troupe...
Mais ça finit trop tard, voyez-vous, et je soupe.
Ma foi, j'aime bien mieux venir à l'Odéon.

MOUSSINOT.

Que vient-il nous chanter ?

BRICHET.

Suis-je un accordéon,
Pour chanter ?... Croyez-vous que vous me ferez taire?
J'ai ma capacité, si je suis prolétaire.
On se forme le cœur, et l'esprit et le ton,
Dans la presse. Je lis journal et feuilleton.

MOUSSINOT.

Bon. Mais partez.

BRICHET

Merci, monsieur, ah! cette tête!
Quoique l'on soit gamin, l'on n'est pas une bête.
Ecoutez mes conseils, mettez les par écrit,
Et que cela s'imprime après, dans votre esprit.
Un théâtre, ça doit plaire à toutes les classes.
Travaillez donc aussi pour les petites places.
Le peuple n'est pas sot, il est bien éclairé :
De son suffrage aussi tâchez d'être assuré.
Et si vous savez bien captiver les infimes,
Nous vous apporterons nos cinquante centimes.
Ce discours éloquent ça sort de mon cerveau.
J'en sais de plus mauvais que l'on relie en veau.
Sans adieu, mon patron.

(Il sort).

SCÈNE XV.

Les mêmes, COURTOIS.

COURTOIS.

Monsieur, quelle algarade!
C'est une jeune dame. Elle paraît malade.
Elle a forcé la porte.

(On entend des cris dans la coulisse.)

Ah!

MOUSSINOT.

D'où viennent ces cris?
Cette voix m'est connue, et mes sens sont saisis!

SCÈNE XVI.

Les mêmes, PAULINE, en blanc, les cheveux épars,
comme Ophélie dans Hamlet.

PAULINE (entrant comme une femme effrayée).
Laissez-moi! Laissez-moi!.. Toujours ils me poursuivent,
Empêchez, jusqu'à moi, que les cruels n'arrivent!

MOUSSINOT.

Mais que vois-je ! grands dieux ! Je ne me trompe pas.
C'est Pauline !... Ma nièce !...

PAULINE.

Où donc porter mes pas ?
Enfin me voilà seule en ce désert sauvage.
Je puis me reposer à l'abri de leur rage.

(*Elle s'assied*).

Je puis verser des pleurs et calmer les remords
Qui m'ont, depuis un an, fait souffrir mille morts.

MOUSSINOT.

Mon Dieu ! La pauvre enfant ! Son état me désole.
Hélas, qu'a-t-elle donc !

FIERVILLE.

Elle me paraît folle ;
Écoutons la parler.

PAULINE.

Ah ! ne pourrai-je un jour,
Expier à ses pieds la faute de l'amour.
Cet oncle généreux m'avait servi de père.
Et j'ai fui sa maison. Ah ! je me désespère.

(*Elle pleure et sanglotte en se cachant le visage*).

MOUSSINOT.

Je la rencontre enfin.

PAULINE, *se levant.*

J'ai quitté mes parens,
Les lieux où le bonheur charma mes premiers ans !
Les fleurs de nos bosquets, les danses du village,
Ils se sont écoulés, les plaisirs du jeune âge !
Il ne me reste plus que de tristes regrets,
Et la rose effeuillée a fait place aux cyprès !

FIERVILLE.

Vraiment elle est charmante à travers sa folie !
Et l'on croirait d'Hamlet voir la douce Ophélie !

PAULINE, *écoutant.*

Heim?... Qu'entends-je ?... Sa voix !... Voilà mon séducteur.
C'est lui qui m'abandonne, en me perçant le cœur.

(*Saisissant Fierville par le bras*).

Ah ! perfide Raymond ! Je me crus adorée...
Ton infidélité trahit la foi jurée...

Ta vue, en ce moment, excite ma fureur.
Achève ton ouvrage et perce moi le cœur!

MOUSSINOT.

Elle perce le mien! La voilà retrouvée...
(*A Fierville*).
Mais c'est donc vous, monsieur, qui l'aviez enlevée?
Vous me rendrez raison...

FIERVILLE.

Mais elle n'en a pas.

MOUSSINOT.

Ah! c'est vrai.

FIERVILLE.

Sa douleur ajoute à ses appas.
Je voudrais, sur mon âme, être celui qu'elle aime.

PAULINE, *naïvement.*

O ciel! tu m'aimerais?

FIERVILLE.

Beaucoup!

PAULINE, *avec ravissement.*

Bonheur extrême!

Il m'aime, il me le dit! Eh bien, l'entendez-vous?
C'est Raymond, mon amant, que dis-je! mon époux.
Embrasse-moi, Raymond.

FIERVILLE,

De bon cœur.

PAULINE.

Recommence.

MOUSSINOT.

Le gaillard a, ma foi, saisi la circonstance.

PAULINE.

Viens, Raymond, nous allons débuter tous les deux.
Je ferai la princesse, et toi mon amoureux;
Nous voulons nous unir, un tyran nous sépare,
Le voici...
(*Elle montre Moussinot et lui dit avec délire.*)
Que veux-tu? monstre! tyran barbare!
M'arracher à l'amant à qui j'unis mon sort?
Je tombe à tes genoux!.. Je demande la mort.
Les plus affreux tourmens, le plus cruel supplice,
Ne pourront obtenir de moi ce sacrifice.

Retire-toi. Je sais, je vois ton noir dessein,
Et je vais m'enfoncer un poignard dans le sein.

(Elle tombe évanouie.)

SCÈNE XVII.

Tous les ACTEURS.

(*Pendant la tirade qui précède, tous les acteurs de la pièce
    sont entrés et écoutent au fond avec des marques de sa-
    tisfaction.*)

MOUSSINOT.

O ciel! un médecin! du secours! Elle expire.
Non, non, elle revient. Je l'entends qui soupire.
Pauline! mon enfant!

PAULINE, *avec sang-froid.*

Trouvez-vous cela bien?

TOUS, *applaudissant.*

Bravo!

PAULINE.

Est-ce du drame, hein?

MOUSSINOT.

Je n'y conçois rien.

PAULINE.

Dites-moi si je puis jouer la tragédie?

MOUSSINOT.

Est-elle folle ou non?

PAULINE.

Oui, de la comédie.

MOUSSINOT.

Comment! dans le panneau, morbleu, j'aurais donné!

FIERVILLE.

Vous allez être encor beaucoup plus étonné.
Approchez, mes amis.

(A Moussinot.)

Faut-il que je l'enrôle?

PAULINE.

Mon oncle, à votre goût, ai-je joué mon rôle?

MOUSSINOT, *surpris.*

Tu jouais! C'est fort bien : oui, mais ton ravisseur...

PAULINE.

Est mon mari. Je suis la femme d'un acteur.

MOUSSINOT.

La morale est contente, et si ton mari t'aime...
Mais est-il bon acteur?..

RAYMOND, *modestement.*

Résolvez le problême :
« Du carrefour Bussy, vous voyez un rentier,
» Qui depuis quarante ans habite le quartier. »

MOUSSINOT.

Quoi! c'est monsieur Joli?

RAYMOND.

» Pour charmer vos parages,
» Du jeune Anacharsis commencent les voyages. »

MOUSSINOT.

Le lion!

MAD. DUMONT.

La politesse est dans mes intérêts.

VALCOUR.

L'école, des plaisirs ne trouble point la paix !

MAD. SAINT-ANGE.

Je fais rouler les R.

Mlle ADÈLE.

Je verrai le spectacle.

SAINVAL.

Le peuple n'est pas sot !

FIERVILLE, *à Moussinot.*

Eh bien?

MOUSSINOT.

C'est un miracle.
Et chacun, dans son rôle, a bien su le saisir!

FIERVILLE.

Vous trouvez donc, mon cher?...

MOUSSINOT.

Ils m'ont fait grand plaisir.

TOUS.

Ah! monsieur Moussinot!

SCÈNE XVIII.

LES MÊMES, COURTOIS.

COURTOIS.

C'est encore une lettre,
Qu'entre vos mains, monsieur, l'on m'a dit de remettre.

MOUSSINOT.

Des lettres, sûrement, nous sommes tous amis.
Mais... C'est de l'avocat... (*Il lit.*) Il me l'avait promis.
J'ai gagné! Quel bonheur! quelle affaire excellente!
Cependant, à venir, la justice est bien lente.

FIERVILLE.

Alors vous nous prêtez?...

MOUSSINOT.

Non : je ne prête rien.
Pour en être plus sûr, je fais valoir mon bien.
(*Il continue de lire.*)
Que vois-je! ce procès venait d'un héritage.
Je gagne : mais on va me donner en partage,
Quatre grandes maisons, quartier du Luxembourg.

FIERVILLE.

Tout près d'ici.

MOUSSINOT.

Morbleu! c'est un fort vilain tour.

FIERVILLE.

Elles sont, dites-vous, très grandes.

MOUSSINOT.

Je l'avoue :
Mais aucun logement, mon ami, ne s'y loue...

FIERVILLE.

Depuis que, par malheur, l'Odéon est fermé.

MOUSSINOT.

Ah! quel lot infernal! J'aurais bien mieux aimé...

FIERVILLE.

Cher ami, l'avenir, à mes yeux se révèle,
Oui, l'Odéon va prendre une face nouvelle;
Et nous réussirons, j'en suis sûr, grâce à vous!

MOUSSINOT.

Et mes quatre maisons...

FIERVILLE *et les acteurs.*

Nous y logerons tous !

MOUSSINOT.

Paîrez-vous vos loyers ?

FIERVILLE *et les acteurs.*

Oui, cher propriétaire.

MOUSSINOT.

Alors je me résigne, et suis actionnaire.

PAULINE.

Et vous me pardonnez ?

MOUSSINOT.

Il le faut bien, vraiment,
Pour que la comédie ait un bon dénoûment.

FIERVILLE, *au public.*

L'Odéon a subi bien des chances diverses ;
Il a vu des succès, essuyé des traverses :
Il ne fut pas exempt de révolutions,
Et, malgré l'incendie et les proscriptions,
Il prospéra parfois, lorsque des mains habiles,
Guidèrent les efforts des artistes dociles ;
Et souvent, de ces lieux, sont sortis des talens,
Que formèrent au goût vos conseils excellens.
Chacun de nous, messieurs, à ses devoirs fidèle,
Pour plaire et réussir, redoublera de zèle.
En cherchant des leçons dans un grand souvenir,
Nous espérons marcher vers un bel avenir.
Encouragez nos vœux, et pour votre indulgence,
Nous vous gardons un prix : c'est la reconnaissance.
L'art doit être à vos yeux préférable au trafic.
C'est l'art que nos essais offriront au public.
Nous voulons mériter le titre qu'on nous donne,
Et pour qu'il ne nous soit contesté par personne,
Songeant que l'union fait toujours le succès,
Style, acteurs et public, qu'ici tout soit français !

FIN.

Imprimerie de Mme **DE LACOMBE,**
12, rue d'Enghien.

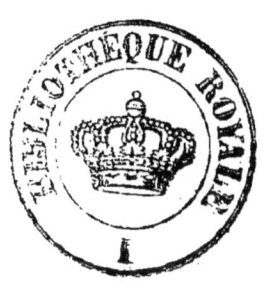